This travel journal belongs to

_____

_____

My adventure begins!

Yeah!

Vacation Planning

I'm going to _____

_____

I'm travelling by _____

_____

I'm staying in _____

_____

I'm going with _____

_____

DRAW YOUR FAMILY AND FRIENDS

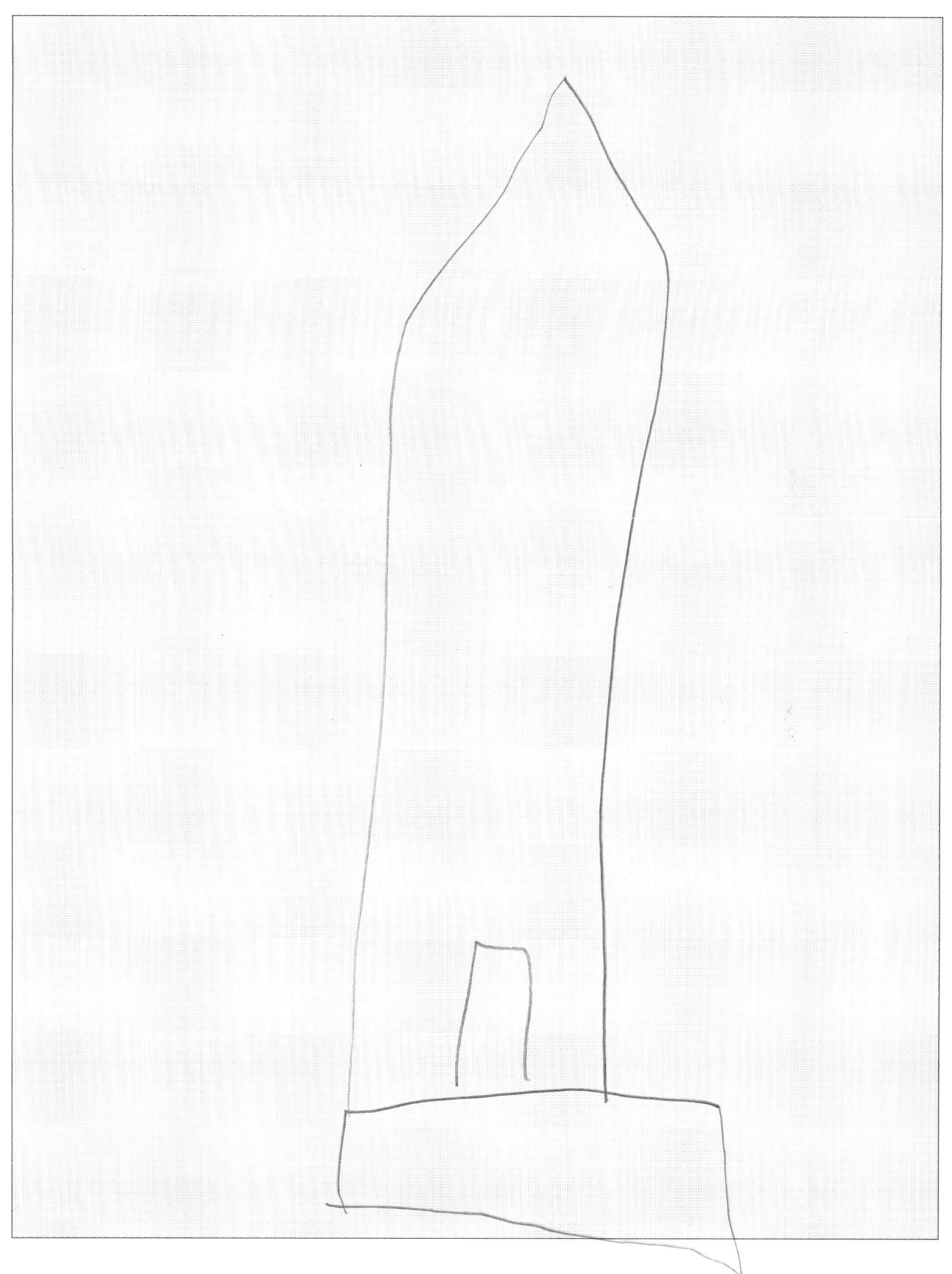

Today's Date _____

Location: _____ The weather was: ☀️ ⛅ ☁️ 🌧️ 🌧️ ⛈️

I wore _____

I went to _____

My favourite thing I did today _____

_____

_____

The best part of the day _____

_____

_____

_____

One interesting thing I learned today _____

_____

Drawing of the day

Today's Date _____

Location: _____ The weather was: ☀ ⛅ ☁ 🌧 ☁ ⛈

I wore _____

I went to _____

My favourite thing I did today _____

_____

_____

The best part of the day _____

_____

_____

_____

One interesting thing I learned today _____

_____

_____

Drawing of the day

Today's Date _____

Location: _____ The weather was: ☀ ⛅ ☁ 🌧 🌨 ⛈

I wore _____

I went to _____

My favourite thing I did today _____

_____

_____

The best part of the day _____

_____

_____

_____

One interesting thing I learned today _____

_____

_____

Drawing of the day

Today's Date _____

Location: _____ The weather was: ☀️ ⛅ ☁️ 🌧️ 🌦️ ⛈️

I wore _____

I went to _____

My favourite thing I did today _____

_____

_____

The best part of the day _____

_____

_____

_____

One interesting thing I learned today _____

_____

_____

Drawing of the day

Today's Date _____

Location: _____ The weather was: ☀️ ⛅ ☁️ 🌧️ 🌨️ ⛈️

I wore _____

I went to _____

My favourite thing I did today _____

_____

_____

The best part of the day _____

_____

_____

_____

One interesting thing I learned today _____

_____

Drawing of the day

Today's Date _____

Location: _____ The weather was: ☀️ ⛅ ☁️ 🌧️ ⛈️ 🌩️

I wore _____

I went to _____

My favourite thing I did today _____

_____

_____

The best part of the day _____

_____

_____

_____

One interesting thing I learned today _____

_____

_____

Drawing of the day

Today's Date _____

Location: _____ The weather was: ☀️ ⛅ ☁️ 🌧️ 🌨️ ⛈️

I wore _____

I went to _____

My favourite thing I did today _____

_____

_____

The best part of the day _____

_____

_____

_____

One interesting thing I learned today _____

_____

Drawing of the day

Today's Date _____

Location: _____ The_weather_was:

I wore _____

I went to _____

My favourite thing I did today _____

_____

_____

The best part of the day _____

_____

_____

_____

One interesting thing I learned today _____

_____

_____

Drawing of the day

Today's Date _____

Location: _____ The weather was: ☀️ ⛅ ☁️ 🌧️ 🌨️ ⛈️

I wore _____

I went to _____

My favourite thing I did today _____

_____

_____

The best part of the day _____

_____

_____

_____

One interesting thing I learned today _____

_____

_____

Drawing of the day

Today's Date_____

Location:_____ The_weather_was: ☀️ ⛅ ☁️ 🌧️ ⛈️ 🌩️

I wore _____

I went to _____

My favourite thing I did today _____

_____

_____

The best part of the day _____

_____

_____

_____

One interesting thing I learned today _____

_____

_____

Drawing of the day

Today's Date _____

Location: _____ The weather was: ☀ ⛅ ☁ 🌧 🌨 ⛈

I wore _____

I went to _____

My favourite thing I did today _____

_____

_____

The best part of the day _____

_____

_____

_____

One interesting thing I learned today _____

_____

_____

Drawing of the day

Today's Date _____

Location: _____ The weather was: ☀️ ⛅ ☁️ 🌧️ ⛈️ 🌩️

I wore _____

I went to _____

My favourite thing I did today _____

_____

_____

The best part of the day _____

_____

_____

_____

One interesting thing I learned today _____

_____

_____

Drawing of the day

Today's Date _____

Location: _____ The_weather_was: ☀️ ⛅ ☁️ 🌧️ 🌨️ ⛈️

I wore _____

I went to _____

My favourite thing I did today _____

_____

_____

The best part of the day _____

_____

_____

_____

One interesting thing I learned today _____

_____

_____

Drawing of the day

Today's Date _____

Location: _____ The_weather_was: ☀️ ⛅ ☁️ 🌧️ ⛈️ 🌩️

I wore _____

I went to _____

My favourite thing I did today _____

_____

_____

The best part of the day _____

_____

_____

_____

One interesting thing I learned today _____

_____

_____

Drawing of the day

Today's Date _____

Location: _____ The weather was: ☀️ ⛅ ☁️ 🌧️ 🌨️ ⛈️

I wore _____

I went to _____

My favourite thing I did today _____

_____

_____

The best part of the day _____

_____

_____

_____

One interesting thing I learned today _____

_____

_____

Drawing of the day

Today's Date _____

Location: _____ The weather was: ☀ ⛅ ☁ 🌧 🌥 ⛈

I wore _____

I went to _____

My favourite thing I did today _____

_____

_____

The best part of the day _____

_____

_____

_____

One interesting thing I learned today _____

_____

_____

Drawing of the day

Today's Date _____

Location: _____ The weather was: ☀️ ⛅ ☁️ 🌧️ 🌨️ ⛈️

I wore _____

I went to _____

My favourite thing I did today _____

_____

_____

The best part of the day _____

_____

_____

_____

One interesting thing I learned today _____

_____

_____

Drawing of the day

Today's Date _____

Location: _____ The weather was: ☀️ ⛅ ☁️ 🌧️ 🌥️ 🌩️

I wore _____

I went to _____

My favourite thing I did today _____

_____

_____

The best part of the day _____

_____

_____

_____

One interesting thing I learned today _____

_____

_____

Drawing of the day

Today's Date _____

Location: _____   The weather was: ☀️ ⛅ ☁️ 🌧️ 🌨️ ⛈️

I wore _____

I went to _____

My favourite thing I did today _____

_____

_____

The best part of the day _____

_____

_____

_____

One interesting thing I learned today _____

_____

_____

Drawing of the day

Today's Date _____

Location: _____ The_weather_was: ☀ ⛅ ☁ 🌧 🌦 🌩

I wore _____

I went to _____

My favourite thing I did today _____

_____

_____

The best part of the day _____

_____

_____

One interesting thing I learned today _____

_____

_____

Drawing of the day

Today's Date _____

Location: _____ The weather was: ☀️ ⛅ ☁️ 🌧️ 🌨️ ⛈️

I wore _____

I went to _____

My favourite thing I did today _____

_____

_____

The best part of the day _____

_____

_____

_____

One interesting thing I learned today _____

_____

_____

Drawing of the day

Today's Date _____

Location: _____ The weather was:

I wore _____

I went to _____

My favourite thing I did today _____

_____

_____

The best part of the day _____

_____

_____

_____

One interesting thing I learned today _____

_____

_____

Drawing of the day

Today's Date _____

Location: _____ The weather was: ☀️ 🌤️ ☁️ 🌧️ 🌨️ ⛈️

I wore _____

I went to _____

My favourite thing I did today _____

_____

_____

The best part of the day _____

_____

_____

_____

One interesting thing I learned today _____

_____

_____

Drawing of the day

Today's Date _____

Location: _____ The_weather_was: ☀️ ⛅ ☁️ 🌧️ ⛈️ 🌩️

I wore _____

I went to _____

My favourite thing I did today _____

_____

_____

The best part of the day _____

_____

_____

_____

One interesting thing I learned today _____

_____

_____

Drawing of the day

Today's Date _____

Location: _____ The weather was:

I wore _____

I went to _____

My favourite thing I did today _____

_____

_____

The best part of the day _____

_____

_____

_____

One interesting thing I learned today _____

_____

_____

Drawing of the day

Today's Date _____

Location: _____ The_weather_was: ☀ ⛅ ☁ 🌧 ⛈ 🌩

I wore _____

I went to _____

My favourite thing I did today _____

_____

_____

The best part of the day _____

_____

_____

_____

One interesting thing I learned today _____

_____

_____

Drawing of the day

Today's Date _____

Location: _____ The weather was: ☀ ⛅ ☁ 🌧 🌨 ⛈

I wore _____

I went to _____

My favourite thing I did today _____

_____

_____

The best part of the day _____

_____

_____

_____

One interesting thing I learned today _____

_____

_____

Drawing of the day

Today's Date _____

Location: _____ The_weather_was: ☀ ⛅ ☁ 🌧 🌨 ⛈

I wore _____

I went to _____

My favourite thing I did today _____

_____

_____

The best part of the day _____

_____

_____

_____

One interesting thing I learned today _____

_____

_____

Drawing of the day

Today's Date _____

Location: _____ The weather was: ☀️ ⛅ ☁️ 🌧️ 🌧️ ⛈️

I wore _____

I went to _____

My favourite thing I did today _____

_____

_____

The best part of the day _____

_____

_____

One interesting thing I learned today _____

_____

_____

Drawing of the day

Today's Date _____

Location: _____ The_weather_was: ☀ ⛅ ☁ 🌧 ⛈ 🌩

I wore _____

I went to _____

My favourite thing I did today _____

_____

_____

The best part of the day _____

_____

_____

One interesting thing I learned today _____

_____

_____

Drawing of the day

Today's Date _____

Location: _____ The weather was: ☀️ ⛅ ☁️ 🌧️ 🌨️ ⛈️

I wore _____

I went to _____

My favourite thing I did today _____

_____

_____

The best part of the day _____

_____

_____

_____

One interesting thing I learned today _____

_____

_____

Drawing of the day

Today's Date _____

Location: _____ The weather was: ☀️ ⛅ ☁️ 🌧️ 🌨️ ⛈️

I wore _____

I went to _____

My favourite thing I did today _____

_____

_____

The best part of the day _____

_____

_____

_____

One interesting thing I learned today _____

_____

_____

Drawing of the day

Today's Date _____

Location: _____ The weather was: ☀️ ⛅ ☁️ 🌧️ 🌨️ ⛈️

I wore _____

I went to _____

My favourite thing I did today _____

_____

_____

The best part of the day _____

_____

_____

_____

One interesting thing I learned today _____

_____

_____

Drawing of the day

Today's Date _____

Location: _____ The weather was: ☀️ ⛅ ☁️ 🌧️ ☁️ ⛈️

I wore _____

I went to _____

My favourite thing I did today _____

_____

_____

The best part of the day _____

_____

_____

One interesting thing I learned today _____

_____

_____

Drawing of the day

Today's Date _____

Location: _____ The weather was: ☀️ ⛅ ☁️ 🌧️ 🌨️ ⛈️

I wore _____

I went to _____

My favourite thing I did today _____

_____

_____

The best part of the day _____

_____

_____

_____

One interesting thing I learned today _____

_____

_____

Drawing of the day

Today's Date _____

Location: _____ The weather was: ☀️ ⛅ ☁️ 🌧️ 🌨️ ⛈️

I wore _____

I went to _____

My favourite thing I did today _____

_____

_____

The best part of the day _____

_____

_____

_____

One interesting thing I learned today _____

_____

_____

Drawing of the day

Today's Date _____

Location: _____ The weather was: ☀ ⛅ ☁ 🌧 🌨 ⛈

I wore _____

I went to _____

My favourite thing I did today _____

_____

_____

The best part of the day _____

_____

_____

_____

One interesting thing I learned today _____

_____

_____

Drawing of the day

Today's Date _____

Location: _____ The weather was: ☀ ⛅ ☁ 🌧 🌨 ⛈

I wore _____

I went to _____

My favourite thing I did today _____

_____

_____

The best part of the day _____

_____

_____

_____

One interesting thing I learned today _____

_____

_____

Drawing of the day

Today's Date _____

Location: _____ The weather was: ☀ ⛅ ☁ 🌧 🌨 ⛈

I wore _____

I went to _____

My favourite thing I did today _____

_____

_____

The best part of the day _____

_____

_____

_____

One interesting thing I learned today _____

_____

_____

Drawing of the day

Today's Date _____

Location: _____ The weather was: ☀ ⛅ ☁ 🌧 🌧 🌧

I wore _____

I went to _____

My favourite thing I did today _____

_____

_____

The best part of the day _____

_____

_____

_____

One interesting thing I learned today _____

_____

_____

Drawing of the day

Today's Date _____

Location: _____   The weather was: ☀ ⛅ ☁ 🌧 🌨 ⛈

I wore _____

I went to _____

My favourite thing I did today _____

_____

_____

The best part of the day _____

_____

_____

_____

One interesting thing I learned today _____

_____

_____

Drawing of the day

Today's Date _____

Location: _____ The weather was: ☀ ⛅ ☁ 🌧 🌨 🌩

I wore _____

I went to _____

My favourite thing I did today _____

_____

_____

The best part of the day _____

_____

_____

_____

One interesting thing I learned today _____

_____

_____

Drawing of the day

Today's Date _____

Location: _____ The weather was: ☀️ ⛅ ☁️ 🌧️ 🌨️ ⛈️

I wore _____

I went to _____

My favourite thing I did today _____

_____

_____

The best part of the day _____

_____

_____

_____

One interesting thing I learned today _____

_____

_____

Drawing of the day

Today's Date _____

Location: _____ The_weather_was: ☀ ⛅ ☁ 🌧 ⛈ 🌩

I wore _____

I went to _____

My favourite thing I did today _____

_____

_____

The best part of the day _____

_____

_____

_____

One interesting thing I learned today _____

_____

_____

Drawing of the day

Today's Date _____

Location: _____ The_weather_was: ☀ ⛅ ☁ 🌧 🌨 ⛈

I wore _____

I went to _____

My favourite thing I did today _____

_____

_____

The best part of the day _____

_____

_____

_____

One interesting thing I learned today _____

_____

_____

Drawing of the day

Today's Date _____

Location: _____ The_weather_was: ☀️ ⛅ ☁️ 🌧️ 🌨️ ⛈️

I wore _____

I went to _____

My favourite thing I did today _____

_____

_____

The best part of the day _____

_____

_____

One interesting thing I learned today _____

_____

_____

Drawing of the day

Today's Date _____

Location: _____ The weather was: ☀️ ⛅ ☁️ 🌧️ 🌨️ ⛈️

I wore _____

I went to _____

My favourite thing I did today _____

_____

_____

The best part of the day _____

_____

_____

One interesting thing I learned today _____

_____

_____

Drawing of the day

Today's Date _____

Location: _____ The_weather_was: ☀ ⛅ ☁ 🌧 🌨 ⛈

I wore _____

I went to _____

My favourite thing I did today _____

_____

_____

The best part of the day _____

_____

_____

_____

One interesting thing I learned today _____

_____

_____

Drawing of the day

Today's Date _____

Location: _____   The_weather_was: ☀️ ⛅ ☁️ 🌧️ ☁️ ⛈️

I wore _____

I went to _____

My favourite thing I did today _____

_____

_____

The best part of the day _____

_____

_____

_____

One interesting thing I learned today _____

_____

_____

Drawing of the day

Today's Date _____

Location: _____ The weather was: ☀️ ⛅ ☁️ 🌧️ 🌨️ ⛈️

I wore _____

I went to _____

My favourite thing I did today _____

_____

_____

The best part of the day _____

_____

_____

_____

One interesting thing I learned today _____

_____

_____

Drawing of the day

Today's Date _____

Location: _____   The weather was: ☀️ ⛅ ☁️ 🌧️ 🌨️ ⛈️

I wore _____

I went to _____

My favourite thing I did today _____

_____

_____

The best part of the day _____

_____

_____

One interesting thing I learned today _____

_____

_____

Drawing of the day

Today's Date _____

Location: _____ The weather was:

I wore _____

I went to _____

My favourite thing I did today _____

_____

_____

The best part of the day _____

_____

_____

_____

One interesting thing I learned today _____

_____

_____

Drawing of the day

Today's Date _____

Location: _____ The weather was: ☀️ ⛅ ☁️ 🌧️ 🌦️ 🌦️

I wore _____

I went to _____

My favourite thing I did today _____

_____

_____

The best part of the day _____

_____

_____

_____

One interesting thing I learned today _____

_____

_____

Drawing of the day

Today's Date _____

Location: _____ The weather was: ☀️ ⛅ ☁️ 🌧️ 🌨️ ⛈️

I wore _____

I went to _____

My favourite thing I did today _____

_____

_____

The best part of the day _____

_____

_____

_____

One interesting thing I learned today _____

_____

_____

Drawing of the day

Today's Date _____

Location: _____ The weather was: ☀ ⛅ ☁ 🌧 🌥 🌥

I wore _____

I went to _____

My favourite thing I did today _____

_____

_____

The best part of the day _____

_____

_____

_____

One interesting thing I learned today _____

_____

_____

Drawing of the day

Today's Date _____

Location: _____ The_weather_was: ☀ ⛅ ☁ 🌧 🌨 ⛈

I wore _____

I went to _____

My favourite thing I did today _____

_____

_____

The best part of the day _____

_____

_____

_____

One interesting thing I learned today _____

_____

_____

Drawing of the day

Today's Date _____

Location: _____ The_weather_was: ☀️ ⛅ ☁️ 🌧️ 🌨️ ⛈️

I wore _____

I went to _____

My favourite thing I did today _____

_____

_____

The best part of the day _____

_____

_____

_____

One interesting thing I learned today _____

_____

_____

Drawing of the day

Today's Date _____

Location: _____ The_weather_was: ☀ 🌤 ☁ 🌧 🌨 ⛈

I wore _____

I went to _____

My favourite thing I did today _____

_____

_____

The best part of the day _____

_____

_____

_____

One interesting thing I learned today _____

_____

_____

Drawing of the day

Today's Date _____

Location: _____   The weather was: ☀️ ⛅ ☁️ 🌧️ ⛈️ 🌩️

I wore _____

I went to _____

My favourite thing I did today _____

_____

_____

The best part of the day _____

_____

_____

_____

One interesting thing I learned today _____

_____

_____

Drawing of the day

Today's Date _____

Location: _____ The weather was: ☀ ⛅ ☁ 🌧 🌨 ⛈

I wore _____

I went to _____

My favourite thing I did today _____

_____

_____

The best part of the day _____

_____

_____

_____

One interesting thing I learned today _____

_____

_____

Drawing of the day

Today's Date _____

Location: _____   The weather was: ☀️ ⛅ ☁️ 🌧️ 🌨️ ⛈️

I wore _____

I went to _____

My favourite thing I did today _____

_____

_____

The best part of the day _____

_____

_____

_____

One interesting thing I learned today _____

_____

_____

Drawing of the day

Today's Date _____

Location: _____ The_weather_was: ☀ ⛅ ☁ 🌧 🌨 ⛈

I wore _____

I went to _____

My favourite thing I did today _____

_____

_____

The best part of the day _____

_____

_____

_____

One interesting thing I learned today _____

_____

_____

Drawing of the day

Today's Date _____

Location: _____ The weather was: ☀️ ⛅ ☁️ 🌧️ 🌧️ ⛈️

I wore _____

I went to _____

My favourite thing I did today _____

_____

_____

The best part of the day _____

_____

_____

_____

One interesting thing I learned today _____

_____

_____

Drawing of the day

Today's Date _____

Location: _____ The weather was: ☀️ ⛅ ☁️ 🌧️ 🌨️ ⛈️

I wore _____

I went to _____

My favourite thing I did today _____

_____

_____

The best part of the day _____

_____

_____

_____

One interesting thing I learned today _____

_____

_____

Drawing of the day

Today's Date _____

Location: _____ The weather was: ☀ ⛅ ☁ 🌧 🌧 ⛈

I wore _____

I went to _____

My favourite thing I did today _____

_____

_____

The best part of the day _____

_____

_____

_____

One interesting thing I learned today _____

_____

_____

Drawing of the day

Today's Date _____

Location: _____ The weather was: ☀ ⛅ ☁ 🌧 🌨 ⛈

I wore _____

I went to _____

My favourite thing I did today _____

_____

_____

The best part of the day _____

_____

_____

_____

One interesting thing I learned today _____

_____

_____

Drawing of the day

Today's Date _____

Location: _____   The weather was: ☀️ ⛅ ☁️ 🌧️ ⛈️ 🌩️

I wore _____

I went to _____

My favourite thing I did today _____

_____

_____

The best part of the day _____

_____

_____

_____

One interesting thing I learned today _____

_____

_____

Drawing of the day

Today's Date _____

Location: _____ The weather was: ☀ ⛅ ☁ 🌧 🌨 ⛈

I wore _____

I went to _____

My favourite thing I did today _____

_____

_____

The best part of the day _____

_____

_____

_____

One interesting thing I learned today _____

_____

_____

Drawing of the day

ALPHABET GAME

Find an item starting with each letter to win

A

B

C

D

E

F

G

H

I

J

K

L

M

N

O

P

Q

R

S

T

U

V

W

X

Y

Z

WEATHER

```
c  i  o  n  f  o  x  w  g  t  y  u  d
t  o  i  y  r  r  y  a  u  o  y  r  i
p  e  l  h  o  i  o  r  a  s  i  u  o
r  w  e  d  s  s  w  m  f  z  g  p  c
s  v  q  a  t  t  t  q  z  w  f  r  l
x  n  z  o  e  r  u  l  u  o  y  t  o
w  i  n  d  y  m  e  s  g  a  s  y  u
z  a  s  e  r  r  o  g  o  i  u  u  d
q  w  e  y  u  o  y  f  d  u  n  o  s
a  s  r  w  i  t  h  u  n  d  e  r  p
n  l  o  p  o  s  v  b  n  m  k  i  n
m  n  i  g  i  n  g  m  i  s  t  y  e
s  t  r  a  i  n  e  r  u  t  x  t  r
```

THUNDER

STORM

SUN

FOGGY

WINDY

RAIN

FROST

CLOUDS

DRIZZLE

MIST

SNOW

WARM

COLD

Connect the dots and color!

ANIMALS

```
m m q w e r t y u d o p l
u o y z w f i s h o q o w
j u n a d y g i o g w l d
n s h k g o e k b i r d s
o e n a e w r m k r e g w
l e j h l y w h m a r i e
c d m u y l f y n f t p r
a c k i a f i t h f b e r
t r l o e g t g g e v r t
a t s n a k e r a u c b g
z g o k r j u e t t x i v
e l e p h a n t r g o d v
x b y e o r i w e v x r b
```

MOUSE
GIRAFFE
FISH
ALLIGATOR
SNAKE
BIRD

TIGER
CAT
PIG
DOG
ELEPHANT
MONKEY

VEGETABLES

```
y  g  e  e  b  r  t  y  u  i  o  o  t
h  a  c  p  r  t  i  e  n  o  i  n  o
h  r  d  u  o  g  j  d  i  f  y  g  m
h  l  c  m  c  u  h  f  j  e  h  f  a
n  i  v  p  c  u  g  g  h  g  g  d  t
b  c  f  k  o  n  m  s  e  v  i  l  o
p  d  r  i  l  v  t  b  t  b  r  d  j
o  g  c  n  i  t  f  e  e  b  a  s  h
t  h  t  a  o  h  d  a  g  r  d  y  g
a  j  y  s  r  b  s  n  f  n  i  u  f
t  k  u  d  k  r  p  y  v  m  s  i  d
o  l  j  r  g  d  o  h  b  i  h  m  s
c  o  r  n  i  g  r  t  n  u  d  g  s
```

GARLIC   BEAN
TOMATO   BROCCOLI
ONION   CARROT
CUCUMBER   RADISH
PUMPKIN   CORN
OLIVES   POTATO

FRUITS

```
q c p l y g w f t a q l p
a d f i h t w g g s e e l
o e r m n o w h j m a i u
z r t e g e e j o r y i m
x t a a t m a n d r h j y
c g u n r n r p a t n t h
k i w i g a r o p y m r g
v n o z n e t i r l i e f
b u p a e z y u i u e r m
n y n r w l h y c i o a d
h a p p l e n t o o n j r
b q w e u i o t t g e t g
t c h e r r y q o i d r f
```

MANGO
APPLE
ORANGE
PEAR
APRICOT
PLUM

LEMON
KIWI
CHERRY
LIME
PINEAPPLE
BANANA

CLOTHES

```
b  n  j  h  p  g  s  y  s  n  u  s  i
f  t  a  y  u  p  d  u  t  h  j  k  j
g  g  c  t  l  f  a  r  y  m  i  i  c
l  j  k  r  l  s  g  n  u  m  n  r  b
o  k  e  e  o  n  h  e  t  s  b  t  t
v  i  t  f  v  e  k  s  i  s  n  n  h
e  o  o  d  e  a  s  c  o  d  m  d  g
s  h  r  s  r  c  a  a  l  f  r  j  d
u  n  f  c  w  k  m  r  r  e  z  x  g
j  l  g  v  s  e  a  f  s  g  c  w  h
s  u  i  t  d  r  g  s  s  h  a  q  h
h  p  h  k  f  s  a  s  d  f  g  y  y
g  y  j  i  g  s  p  e  s  u  o  l  b
```

JACKET

PULLOVER

SUIT

SHIRT

BLOUSE

SKIRT

PANTS

DRESS

SNEAKERS

GLOVES

SCARF

PAGAMAS

NOTES

NOTES

NOTES

NOTES

NOTES

NOTES

NOTES

NOTES

NOTES

NOTES

NOTES

NOTES

NOTES

NOTES

NOTES

NOTES

NOTES

NOTES

NOTES

Made in the USA
Lexington, KY
06 January 2018